AF401147

Couverture Inférieure manquante

DEUX LETTRES

DU BARON V., DE BRUXELLES

A MADAME

LA COMTESSE DE G., A PARIS

SUR LA

LOI DE M. NAQUET

PARIS

AUGUSTE GHIO, ÉDITEUR

PALAIS-ROYAL, 1, 3, 5, 7, GALERIE D'ORLÉANS

1879

DEUX LETTRES

DU BARON V., DE BRUXELLES

A MADAME

LA COMTESSE DE G., A PARIS

SUR LA

LOI DE M. NAQUET

PARIS

AUGUSTE GHIO, EDITEUR

PALAIS-ROYAL, 1, 3, 5, 7, GALERIE D'ORLÉANS

1879

DEUX LETTRES

DU BARON V., DE BRUXELLES

A Madame la Comtesse de G., à Paris

sur

LA LOI DE M. NAQUET

MADAME LA COMTESSE,

Vous m'avez demandé bien des fois de vous dire mon opinion sur le projet de loi de M. Naquet concernant le divorce; à mon refus réitéré d'aborder avec vous un sujet de cette nature, vous répliquez, depuis plusieurs semaines, par un désir de plus en plus pressant de connaitre la pensée de celui que vous daignez appeler votre vieil ami éclectique, votre vieux Diogène; vous insistez dans votre dernière lettre pour que j'entre de suite en matière; vous exigez que je parle. Je vais parler, puisque votre volonté me l'impose; mais je dois vous prévenir que quand vous aurez lu les pages que je vais écrire, vous regretterez, et regretterez amèrement de n'avoir pas respecté mon silence

Vous voulez, dites-vous, que je vous parle dans toute la
sincérité de mon âme. Je serai sincère. Il me serait impossible de parler sur un sujet aussi grave autrement qu'en
disant ma pensée tout entière et sans aucun détour. Mais
combien mes paroles vont cruellement blesser vos sentiments
les plus intimes et rudement heurter vos idées préconçues,
vos préjugés, si vous me permettez d'employer ce mot selon
moi si juste, votre morale acceptée par vous tout d'une
pièce sans que vous l'ayez jamais analysée ni discutée, votre
religion, si vénérable du reste, pour la défense de laquelle
je vous sais prête à courir au martyre. Chaque goutte
d'encre qui va découler de ma plume va frapper votre
cœur si noble, si généreux, si croyant, d'une blessure
cruelle.

Vous l'avez voulu. Que la responsabilité tout entière
vous en reste. Vous n'aurez plus, après m'avoir lu, le droit
de m'adresser aucun reproche.

Je vous écris de Wittel, où les loisirs d'une monotone
saison d'eaux me donnent largement le temps d'écrire.

Donc, Madame, quels que soient l'étonnement, la douleur,
l'indignation probablement que mes paroles vont soulever
en vous, je dois vous dire tout d'abord, que :

Étant donné l'esprit dont sont animés vos compatriotes
en l'an 1879 — et depuis plus d'un demi-siècle, — M. Naquet est dans le vrai, quand il demande pour son pays le
rétablissement du divorce ; que ses considérants et ses
prémisses sont exacts, et que ses conclusions sont
justes ;

Que vous et vos amis, — qui, il y a cent ans et plus, —
voire même en 1816, auriez été dans le vrai, vous êtes, vu

les changements apportés dans les mœurs, complètement dans l'erreur en 1879.

Tout d'abord, et pour qu'aucune confusion ne puisse rester entre ma pensée et votre entendement, laissez-moi m'expliquer sur ces deux mots : « *le vrai* » et « *le juste.* »

Le « vrai » et le « juste » sont choses essentiellement variables, selon que se modifient les conditions de temps, de lieu, de milieu et de croyances préconçues. Exemple :

Votre foi religieuse vous fait dire que le Messie est venu sur la terre il y a 1879 ans, qu'il était fils de Dieu, Dieu lui-même. Pour soutenir cette croyance, vous donneriez jusqu'au dernier atome de sang qui coule dans vos veines. Selon vous, c'est une vérité, c'est la vérité la plus absolue et la plus indéniable entre toutes.

Or, venez avec moi, si vous le voulez bien, un instant, à la synagogue, vous y entendrez affirmer par des gens non moins prêts que vous à subir le martyre, que le Christ que vous, vous adorez, n'est nullement le Messie promis au peuple de Dieu par les prophéties ; que toute personne qui croit en Dieu doit attendre avec les Israélites le Messie.

Voilà, certes, deux vérités tenues pour certaines dans deux camps différents, qui sont diamétralement opposées. — C'est une simple question de foi religieuse, de milieu. Le philosophe éclectique qui, libre de toute opinion préconçue, entend, d'un côté, l'affirmation catholique, de l'autre, l'affirmation hébraïque, est obligé de reconnaître que la vérité, loin d'être, comme le prétendent certaines doctrines exclusives, une, positive et absolue, varie sans cesse selon les milieux où elle est affirmée.

Suivez-moi, en pensée, je vous prie, jusqu'à un point quelconque de l'équateur terrestre à midi, au moment où le soleil passe au zénith. Vous direz avec moi, cela ne fait aucun doute, que la chaleur est écrasante et que la lumière est éclatante ; et, certes, ce sera une de ces vérités que personne ne songera à mettre en doute en un semblable lieu et à une semblable heure. Mais si, passant ensemble au pôle nord, quand le soleil éclaire l'hémisphère austral, je vous répétais à minuit ces mêmes mots, si vrais sous l'équateur : « La chaleur est ardente et la lumière d'un grand éclat », vous me demanderiez si je suis fou, et m'affirmeriez que l'obscurité est profonde et le froid mortel.

Le soleil, vous le savez, tournait autour de la terre avant Galilée : c'était une vérité dont il n'était permis à personne de douter. Depuis Galilée, c'est la terre qui tourne autour du soleil : autre vérité bien plus certaine encore.

Je n'ai pas besoin de multiplier les exemples, vous comprenez abondamment ma pensée quand je dis que : « La vérité, loin d'être immuable, varie toujours selon les lieux, les milieux, les temps et les idées préconçues ou la foi des hommes.

Les mêmes lois règlent les conditions du juste et de l'injuste.

Je répète donc, et je l'affirme avec insistance, malgré la peine que mes paroles vous causent, mais je l'affirme, parce que c'est là qu'est le nœud de la question :

En l'an 1879, et depuis plus d'un demi-siècle, les faits accomplis, les modifications apportées dans les mœurs des Français et l'opinion de l'immense majorité de vos compatriotes font que M. Naquet est dans le vrai quand il demande à vos législateurs de modifier la loi qui, dans vos codes, règle la question du mariage et réclame le rétablissement du divorce. J'ajoute que discuter et repousser sa proposition est un non-sens, une faute, une erreur. Il y a un siècle, et même en 1816, en 1820, vous et vos amis auriez été dans le vrai en ne voulant pas du divorce, et M. Naquet aurait été complètement dans l'erreur. Aujourd'hui, les choses ont changé du tout au tout, et c'est sa proposition qui est légitime et fondée. On ne peut même lui faire qu'un reproche : celui de ne pas demander assez.

C'est ici le lieu de rappeler ce vieil adage que Rome et la Grèce ont souvent dit avant nous : « Autre temps autres mœurs. »

Vos amis, pénétrez-vous bien de cette vérité, ont le plus grand tort de ne pas vouloir prendre pour épigraphe de leurs études en économie sociale, et particulièrement dans la question qui nous occupe ici, ce vieil adage : « *Alia tempora aliæ mores.* »

Il faut, quand on étudie une loi qui intéresse une multitude de gens dont les opinions en toutes matières et les croyances religieuses diffèrent, proposer cette loi dans des conditions qui répondent aux aspirations et aux goûts du plus grand nombre.

Les lois, vous le savez de longue date, n'ont jamais précédé la naissance, ni même la période d'enfance des peuples ; elles ont toujours été promulguées quand le besoin s'en est fait sentir ; elles sont toujours l'expression du sentiment actuel, des préférences du nombre qui l'emporte. Quelquefois elles sont édictées par un groupe puissant qui tient dans sa main *omnipotente* les volontés de tous ; mais alors, on peut encore dire que c'est la majorité qui parle, puisque la nation, si elle était réellement hostile à la loi

édictée, protesterait contre cette loi, refuserait de s'y sou-
mettre et retirerait finalement le pouvoir à celui qui en
userait contre ses intérêts. C'est en vertu de ce principe
que vos lois françaises ont si souvent été modifiées et
refondues.

A Rome, la loi a été longtemps muette sur le parricide,
parce que ce crime, inconnu des Romains, n'avait pas lieu
de préoccuper les législateurs.

Le Décalogue, qui fait une des plus importantes assises
de votre religion, n'a été promulgué par Moïse que longtemps après que le peuple hébreu eût pris naissance et
marqué sa place au milieu des peuples contemporains. Un
jour vint, où nombre de juifs se laissèrent aller à oublier
Dieu, à blasphémer, à mépriser les auteurs de leurs jours,
à prendre le bien d'autrui, à commettre l'adultère. Moïse,
répondant au désir du plus grand nombre, de l'immense
majorité de son peuple, promulgua ses admirables Tables.
Les israélites et les chrétiens disent même qu'il les reçut
directement de Dieu pour les imposer à son peuple.

Les lois viennent donc quand elles sont nécessaires,
quand les intérêts des peuples pour lesquels elles sont
édictées les réclament. Là est la raison d'être de la proposition de M. Naquet. Les lois réglant le mariage, qui sont
aujourd'hui encore inscrites au Code civil français, ont été
édictées à une époque où l'opinion universellement admise
en France était, que le mari doit être le maître chez lui ;
que sa femme doit l'aimer et lui être soumise ; que l'amour
est « un devoir » dans le mariage, et non « une fantaisie ».
L'indissolubilité du lien matrimonial était rationnelle et
logique au temps où ont été promulguées ces lois.

Aujourd'hui, l'opinion de tous, ou au moins de l'immense

majorité, veut que la femme soit libre et exempte de toute domination, de toute contrainte, de tous devoirs ; que le mari n'ait pas le droit de se plaindre ; que l'amour entre époux soit « facultatif ». Cette opinion moderne a déclaré que l'amour est chose fatale qui nous prend comme la fièvre ou le choléra, sans que notre volonté y soit pour rien et que, fous, voire même criminels sont ceux ou celles qui essaient de s'en défendre, de lutter contre ses atteintes. On ne comprend plus, avec une semblable doctrine, l'indissolubilité du mariage. Une loi doit être édictée, cela est de toute évidence, qui consacre les droits acquis de la femme et les droits si universellement reconnus de « l'amour ».

La loi ancienne a été faite à une époque où l'épouse s'appelait « Lucrèce ». Aujourd'hui que l'épouse s'appelle « Octavie ou Aspasie, » et que tout le monde admet l'irrésistibilité des entraînements de l'amour, l'irresponsabilité des gens que ce feu divin consume, la loi doit être refondue de fond en comble, et M. Naquet est dans le vrai et a parfaitement raison quand il vient demander sa réforme. Dans des propositions antérieures qu'il n'a pu faire admettre, il a demandé à plusieurs reprises une réforme très large. Aujourd'hui, il revient, avec l'espérance du succès, porteur seulement d'une demande modeste du rétablissement de la loi de 1803. Je trouve, pour ma part, qu'on doit lui accorder bien plus qu'il ne demande.

Comptons ensemble, si vous le voulez bien, les voix innombrables qui, ouvertement ou implicitement, réclament le divorce, et celles qui, en nombre infiniment restreint, protestent contre son rétablissement.

Tout d'abord, parlons de votre littérature moderne et de votre théâtre contemporain.

La littérature, vous le savez de reste, est le miroir des pensées des peuples. L'homme de lettres qui produit une œuvre littéraire n'écrit pas des faits et ne produit pas des doctrines qui lui soient absolument propres. C'est un peintre qui copie la nature prise sur le vif et reproduit dans les pages de son livre, comme le peintre sur sa toile, tout ce qui se dit, se fait ou se passe autour de lui. Les doctrines qu'il soutient sont celles qu'il entend avancer tous les jours dans le milieu où il vit.

La production d'un livre est chose coûteuse : l'auteur et l'éditeur veulent rentrer dans leurs frais et leurs avances ; ils veulent tirer un gain de leur travail ; et c'est de toute justice. Le lecteur, en somme, est un acheteur qui ne demandera le livre que si la marchandise lui plaît. L'auteur doit donc forcément être soucieux de plaire à son lecteur, de flatter ses tendances, de sympathiser avec les opinions de son acheteur. Autrement, pas de lecteur, pas d'acheteur, pas d'éditeur. Cela est élémentaire.

Ce point est, je crois, suffisamment démontré, que, les sentiments, les opinions, en toutes matières, d'une nation, à une époque donnée, se trouvent consignés dans sa littérature contemporaine.

Or, si vous prenez au hasard dans une bibliothèque composée de romans modernes, deux cents volumes, parmi ceux qui ont paru depuis cinquante ans, je vous défie de m'en montrer dix où il ne sera pas dit expressément, ou au moins implicitement :

Que l'amour est une force irrésistible et fatale de laquelle nul ne doit ni ne peut tenter de se défendre ; contre laquelle toute tentative de lutte serait criminelle ou au moins insensée ;

Que la durée de la fidélité conjugale au delà d'une certaine limite est contre nature ;

Que les gens mariés, hommes et femmes, les femmes surtout, doivent bien se garder de résister aux entraînements des amours libres, de l'adultère, comme on dit dans le vieux langage ;

Que les maris et les enfants légitimes sont, pour les trois quarts, des crétins, des gens tarés, vicieux, méprisables ; tandis que les amants, les amants de femmes mariées et les enfants naturels ou adultérins sont toujours des types remarquables d'élégance, de distinction, de loyauté, d'élévation de sentiments, d'intelligence, de vertu ;

Que les femmes qui laissent leurs crétins de maris pour aimer ailleurs sont toujours des femmes supérieures et dignes à tous les titres de notre admiration et de notre estime ; que celles, au contraire, qui restent fidèles, sont de pauvres, sinon de viles créatures, de grossières maritornes ; que toute personne qui n'a pas rougi de ces dernières, devrait mourir de honte de n'en avoir pas rougi.

Au théâtre, ce sont les mêmes idées, les mêmes faits, les mêmes doctrines.

Et tous les lecteurs de romans, tous les auditeurs de pièces de théâtre se pâment d'aise en lisant ou en entendant ces choses ; tous fondent leur âme dans l'âme de l'auteur, boivent avec délices les faits et les principes qui se déroulent devant eux. Tous font des vœux pour la réussite des entreprises du séducteur ou de la femme adultère et écrasent de leurs anathèmes, de leur indignation le mari qui proteste ou essaie de se défendre.

Si nous nous retournons vers la presse périodique, vers les brochures qui traitent d'économie sociale, l'unanimité est complète.

Quelques journaux, ceux du noble faubourg, ceux qui prétendent refléter vos opinions et les diriger dans la bonne voie, restent absolument silencieux, tant ils se sentent écrasés par l'ensemble et l'abondance des protestations de leurs adversaires. Disons aussi que s'ils ne parlent pas, c'est que beaucoup d'entre eux pensent absolument comme leurs adversaires, mais qu'ils n'osent pas le dire.

Je sais bien que quelques personnes mues par l'embarras qu'elles ressentent en voyant la contradiction qui existe entre leurs sympathies pour les principes nouveaux des romans et du théâtre, et leur prétention à vouloir quand même défendre les vieux principes démodés, disent qu'il ne faut pas confondre la morale du théâtre et du roman, qui ne sont que « fiction », avec la morale de la vie réelle. Mais cette distinction n'est pas admissible. Le nombre des personnes qui, tout en admirant les doctrines nouvelles professées au théâtre et dans les romans, pratiquent réellement la vieille morale, est infiniment restreint.

L'exposé des faits que je suis obligé d'invoquer ici à l'appui de ma thèse, vous est, je le sais, profondément douloureux ; je ne puis, cependant, me dispenser de le produire, quelque peine que vous en ressentiez ; ces faits comptent au nombre des plus importants arguments que j'ai à invoquer.

Depuis bientôt quarante ans que je passe la moitié de ma vie en France, j'ai fréquenté beaucoup, vous le savez, les salons du noble faubourg, dont vous faites partie ; j'ai fréquenté de même les salons de ce monde spécial que des fortunes plus récemment acquises élèvent au rang de princes de la finance et de puissants du jour ; j'ai pénétré souvent au foyer plus modeste du marchand, de l'industriel, voire même de l'artisan et du pauvre ; partout, mais surtout chez les gens tenus en relief par leur nom ou par leur fortune, j'ai vu la mise en pratique des doctrines préconisées par les romans et par le théâtre, jointe à l'admiration qu'on professe pour ces mêmes doctrines.

Partout, des femmes mariées qui repoussent l'autorité du mari, qui ont ou qui cherchent à avoir des amants, qui, si elles n'en ont pas, font tous leurs efforts pour donner à croire qu'elles en ont ; partout, des maris qui ont des maîtresses. Quelle interminable liste de noms et de beaux noms nous pourrions faire, vous et moi, en remontant à une quarantaine d'années, si nous voulions faire la revue de tous les époux cherchant ou pratiquant l'adultère, ou faisant tout le nécessaire pour que le monde crût qu'ils le pratiquaient !

Votre cœur saigne, je le comprends, en m'entendant évoquer ces souvenirs, tous ces faits réels qui sont en opposition si flagrante avec les principes que vos amis prétendent vouloir soutenir. Il faut pourtant bien accorder ou la conduite avec la doctrine, ou la doctrine avec la conduite. Dans la matière qui nous occupe tout prouve que c'est la doctrine qui est condamnée, que c'est la vieille loi usée et démodée qui doit être sacrifiée; qu'une loi nouvelle plus en rapport avec nos mœurs modernes, doit être édictée à sa place. Telle est la raison d'être de la présentation par M. Naquet d'un projet de loi rétablissant le divorce.

La loi de 1803, aujourd'hui encore inscrite dans votre code français et qui y représente un véritable anachronisme, porte :

« Article 212.— Les époux se doivent mutuellement fidélité, secours, assistance.

« Article 213. — Le mari doit protection à sa femme, la femme obéissance à son mari.

« Article 214.— La femme est obligée d'habiter avec son mari et de le suivre partout où il juge à propos de résider. Le mari est obligé de la recevoir et de lui fournir tout ce qui est nécessaire pour les besoins de la vie selon ses facultés et son état. »

Cette loi nous rappelle qu'en 1803, les législateurs et par conséquent la grande majorité des Français, voulaient que le mari fût le maître chez lui, que l'autorité de la femme ne vînt qu'ensuite.

Aujourd'hui la morale universellement admise et consacrée par l'usage veut et déclare que:

La femme mariée n'aimera son mari que si cela lui plaît ;

Qu'elle doit être la maîtresse absolue dans le ménage ; que le mari ne discutera jamais ses volontés et ses actes, qu'il obéira en toutes choses;

Qu'elle aura des amants si cela lui plaît; qu'elle ne livrera son corps à son mari que quand sa fantaisie n'y fera pas obstacle;

Que la fidélité conjugale ne peut pas toujours durer;

Que, ridicules, coupables, monstrueux même, sont les maris qui prétendent être seuls aimés de leurs femmes ou qui leur restent fidèles.

Quant aux enfants, cette morale nouvelle veut que l'enfant adultérin ou naturel ait toujours des qualités bien supérieures à celle de l'enfant légitime; le premier étant toujours le héros du roman ou de la pièce, le second, ayant la spécialité du crime, de l'infamie, du crétinisme. C'est cette morale nouvelle, aujourd'hui admise par tout le monde, que M. Naquet demande aux législateurs français d'inscrire dans leur Code à la place de la loi de 1803.

M. Naquet est dans le vrai, sa demande est légitime : vos amis, Madame, font complètement fausse route en voulant s'opposer à une loi que, en réalité, tout le monde réclame, que vos mœurs vous imposent.

Avez-vous songé quelquefois à la part de responsabilité qui incombe à l'éducation donnée de nos jours aux enfants, dans cette grande question de la modification des mœurs françaises et, par suite, du divorce?

Avec l'éducation moderne, la jeune fille de treize ans, quatorze ans a déjà lu nombre de romans où l'amour joue le premier rôle. A quinze ans, elle chante des romances amoureuses; à seize et dix-sept ans, elle sait qu'il faudra aimer, qu'il y a de grandes joies à aimer, que l'amour est le plus puissant des Dieux, que, quand il commande, il faut obéir. Elle est déjà renseignée sur cette particularité : — toutefois, — qu'il ne lui sera pas permis d'avouer les doux élans de son cœur avant d'avoir passé par le mariage. A dix-huit ans, elle veut un mari et en rêve nuit et jour, naïvement, pour l'aimer ; à vingt ans, elle sait que le mari qu'elle n'a pas encore, ne sera pas toujours aimé d'elle ; que la fidélité conjugale est contraire aux grandes lois de la nature, mais que le mariage est un pont sur lequel il lui est indispensable de passer, pour courir ensuite à de nouvelles amours.

A vingt-deux ou vingt-trois ans, elle prend un mari quelconque, sympathique, indifférent ou antipathique, se promettant bien qu'au lendemain du mariage elle cherchera un cœur qui réponde à son cœur. Quant aux articles 212, 213, 214 du Code civil, que le maire lit aux époux, avec emphase, à la mairie, toutes, — absolument toutes, entendez-vous bien ! — toutes jurent d'en prendre le contre-pied pour règle de conduite. Nous savons avec quelle fidélité les neuf-dixièmes observent cet engagement, le seul que le mari aurait préféré ne les pas voir prendre.

Les garçons, eux, malgré les études écrasantes auxquelles on sacrifie leur jeunesse, savent, dès quatorze ou quinze ans, qu'un des plus importants emplois de leur vie sera le culte de l'amour. A seize ans, ils en rêvent la nuit, ils en causent entre eux le jour. A dix-sept ans, à dix-huit ils ont déjà trouvé de charmants guides qui se font un bonheur de diriger leurs premiers pas dans les doux sentiers de Cythère. Heureux sont ceux dont ce guide, cet ange conducteur est une amie de leur mère, une amie choisie par la mère elle-même, souvent, et qui veut bien consentir à être aimée et à former ce jeune cœur inconscient ! Ceux-là échappent presque toujours, pendant au moins deux années, au débordement des passions tumultueuses. Cette amie, ce mentor charmant, — toujours mariée, car il faut bien un mari pour couvrir les suites

éventuelles de l'œuvre de charité qu'elle a entreprise,
— initie son élève aux douces joies de l'amour, à ses
ivresses, enfin au grand art d'être père.

Et voilà comment vos jeunes gens savent, dès le début
de la vie, que la fidélité conjugale n'est nullement un
devoir dans une société civilisée; comment quelques-uns
croient fermement qu'elle est contre nature.

Après une couple d'années de ces douces leçons, de ces
charmantes câlineries dont cette seconde mère, cette amie
l'a bercé, le jeune néophite se sent le besoin de voler de
ses propres ailes: il court à d'autres conquêtes, au grand
désespoir de son professeur dans l'art chanté par Ovide.
A partir de ce moment, il ne songe plus qu'à joncher la
terre de ses victimes: les femmes mariées de toutes les
classes sociales, les filles des artisans des villes ou des
garnisons où il réside, tout y passe. Et quand vient pour
lui l'heure du mariage, ses habitudes d'amours libres
sont prises: il se marie avec l'intention ou au moins la
perspective d'y revenir un jour ou même d'y persévérer.
Cela est l'histoire des neuf-dixièmes des jeunes gens
élevés dans des familles appartenant aux classes supérieures
de la société. Pour tous ces hommes, les articles 212, 213,
214 du Code civil sont une mauvaise plaisanterie surannée,
et pas autre chose.

Vous voyez donc bien encore que, considérée au point de
vue de l'éducation moderne, la loi qui régit le mariage est
à refaire en entier.

Si, maintenant, et après l'accumulation de toutes les
preuves que je produis, quelqu'un de votre groupe social
vient me dire qu'il veut repousser le divorce, je répliquerai :
« Le fruit défendu est donc bien doux à savourer que vous

protestiez ainsi contre une loi dont l'unique but serait de légitimer ou, au moins, faciliter des faits que vous accomplissez tous les jours, mais que vous n'accomplissez qu'en outrageant la loi existante ? »

J'ai démontré que le divorce, qu'une réforme radicale de la vieille législation du mariage est impérieusement réclamée par la littérature, par le théâtre, par vos mœurs et votre éducation ; voyons maintenant ce que pensent de la question les magistrats de l'ordre judiciaire et, avec eux, les avoués, les avocats.

Les définitions les plus universellement admises·de « la magistrature » disent en substance :

« Un des attributs les plus importants du chef de l'Etat est de rendre la justice et de faire respecter les lois. »

« Impuissant à remplir cette grande tâche à lui seul, le prince choisit des hommes d'une vertu éprouvée pour l'aider et le suppléer. Ces hommes sont les magistrats : leur ensemble est la magistrature. »

La mission du juge est donc de faire respecter les lois, de rendre la justice conformément à la lettre et à l'esprit des lois. Les procureurs, aujourd'hui de la République, sont des magistrats d'un ordre spécial, chargés de provoquer l'action des juges selon la lettre et l'esprit de la loi.

Des avoués, des avocats gravitent autour de ces magistrats et, par besoin professionnel, se font des opinions conformes à leurs opinions.

Or, voyons ce qui se dit et se fait au Palais, toutes les fois qu'un procès concernant le mariage y est porté.

Jusqu'en 1825 ou 1830, si j'en crois la chronique, beaucoup de Tribunaux français et de Cours se seraient montrés sévères envers les époux qui manquaient à leurs devoirs conjugaux, qui foulaient aux pieds les articles 212, 213, 214 du Code civil. Des maris auraient été punis pour avoir entretenu des concubines sous le toit conjugal ; des femmes auraient été punies également pour avoir eu des amants, et plusieurs d'entre elles, fugitives, auraient été ramenées, *manu militari*, au foyer conjugal. Les demandes de divorce, de séparation étaient rares et facilement rejetées.

Plus tard, la civilisation poursuivant son œuvre, les doctrines de l'école individualiste faisant de grands progrès dans la société, les magistrats se sont demandé si les articles 212, 213, 214 n'étaient pas surannés et par trop brutaux pour les temps modernes. Ils ont commencé à refuser aux maris le secours de la gendarmerie contre les épouses en rupture de ban, à moins punir celles qui avaient des amants, et à prêter une oreille plus sympathique à celles qui venaient leur dire : « Mon mari me déplaît, je suis lasse du lien qui m'unit à lui ; débarrassez-moi du lien et du mari. » Aujourd'hui, toute femme qui se présente devant un Tribunal français avec une demande de séparation de corps, est sûre de voir sa requête admise, quelle que soit, du reste, la futilité des considérants qu'elle invoque, quelles que soient aussi les conséquences désastreuses pour le mari, pour les enfants et pour elle-même, du procès.

Les frais de ces instances sont énormes ; les maris ne les évitent, en partie du moins, qu'en présentant des demandes reconventionnelles qui font, quelquefois, mettre à la charge exclusive de la femme les dépens, ou les font partager entre les deux époux. Quelque innocent que soit le mari de tous les crimes imaginaires dont l'accuse sa femme pour arriver à ses fins, la sentence est stéréotypée : « Attendu que les époux X et Y ont prouvé, par les faits produits à l'enquête, que la vie commune est devenue impossible entre eux, les déclarons séparés de corps et de biens, et faisons défense au mari de rechercher sa femme. »

C'est bel et bien, quoi qu'on ait essayé de jouer sur les mots, une rupture complète du mariage.

Les sentences de séparation de corps prononcées par les Tribunaux français, au temps où nous vivons, s'élèvent, chaque année, au chiffre énorme de 2,500, et le dépassent. Quatre-vingt-dix pour cent sont demandées par les femmes; dix pour cent seulement par les maris.

Pendant les quinze premières années de ce siècle, les sentences de divorce (dans ces temps-là, la France avait le divorce) n'atteignaient pas le chiffre de 250.

Pendant ces quinze premières années les juges jugeaient selon l'esprit des législateurs qui avaient fait la loi de divorce aussi bien que les articles 212, 213, 214 : ils ne tenaient aucun compte des fantaisies de la femme. Aujourd'hui, leur objectif principal est « le droit individuel de la femme à la liberté en tant que citoyenne. » Du mariage, considéré comme institution sociale, ils n'ont nul souci. Ils savent, la plupart du temps, que les témoins amenés par la demanderesse sont des témoins achetés à beaux deniers. N'importe ! Ces témoins parjures ont juré de dire la vérité; ils débitent la leçon qu'on leur a apprise, et l'affaire est faite.

Les magistrats français sont, vous le voyez, au nombre des ennemis les plus déclarés de l'indissolubilité du mariage.

Les conséquences d'une séparation de corps judiciaire sont :

1° La défense au mari de rechercher sa femme ;

2° Le fait de conserver à cette femme le nom du mari, quoique le mariage soit en réalité rompu ;

3° La faculté pour elle de vivre avec des amants sans aucune gêne, et, cela est monstrueux, la faculté de donner à son mari absent des enfants que la loi déclarera siens, alors qu'il est, par cette même loi, rigoureusement tenu à distance de sa femme ;

4° L'obligation pour le mari de remettre à la femme séparée, sa fortune, sa dot, souvent imaginaire, souvent aussi mangée depuis longtemps ; de lui abandonner tous les cadeaux qu'il a pu lui faire avant et durant le mariage ;

5° De lui livrer la moitié des bénéfices qu'il a pu réaliser pendant la durée du mariage ;

6° L'obligation de payer la totalité ou, au moins, une part très forte des frais énormes occasionnés par le procès ; de payer toutes les dettes qu'elle a faites avant l'instance en séparation ; de lui fournir, pendant l'instance, l'argent nécessaire pour plaider et pour vivre selon son rang ;

7° De lui faire ensuite une rente viagère pour vivre selon son rang, si elle prouve n'être pas assez riche, rente qui, le plus souvent, lui sert à aider ses amants ;

8° D'enlever au mari ses enfants que, souvent, il aimait

beaucoup; de les livrer à une femme presque toujours indigne.

C'est, en deux mots, la ruine, le malheur à son plus haut période, le déshonneur.

Pour vous rendre plus sensible ce que je viens de dire, permettez-moi de vous citer trois exemples entre mille :

P..., capitaine de cavalerie, avait épousé Mlle R..., riche de sa jeunesse, de sa beauté et de quarante mille francs. Le mari possédait, pour tout avoir, sa solde et un petit domaine estimé cent mille francs. Fortune des deux époux et grade du mari rendaient chaque année moins de dix mille francs. Les deux époux s'aimaient tendrement. L'amour suppléait à la fortune. Une petite fille venue la seconde année du mariage faisait la joie du foyer.

La quatrième année, le mari était nommé chef d'escadron. La femme, voulant augmenter ses dépenses pour un chiffre de beaucoup supérieur à l'élévation de la solde du mari, fit des dettes. P... se plaignit. L'aigreur se glissa entre eux.

La sixième année, après cette persécution incessante qu'au palais on appelle la torture des coups d'épingle, Mme P... obtenait de son mari, las de lutter, l'emploi de sa dot dans une entreprise qui devait, croyait-elle, tripler ses revenus.

Sur ses gros revenus en perspective, et pour se distraire des soucis du ménage, elle dépensa davantage encore; l'entreprise industrielle sauta, les 40,000 francs furent perdus.

Le mari était responsable. Il se fâcha, reprocha les dépenses, voulut s'opposer à ce qu'elles continuassent, reprocha la perte des 40,000 francs placés contre sa volonté dans cette triste affaire. Madame engagea une instance en séparation.

Le naïf mari croyait aux articles 212, 213, 214 et 231 du Code civil. Il croyait qu'il avait le droit de réprimande à son foyer, il croyait qu'il fallait réellement une injure « grave » faite par lui à sa femme, pour qu'une sentence de séparation fût prononcée.

Deux témoins comparurent, qui déclarèrent l'avoir entendu parler haut et très haut chez lui : une dame amie de sa femme, une de celles qui l'avaient le plus entraînée dans ses dépenses exagérées, et une femme de chambre.

P... était l'homme le plus doux, le plus rangé de la terre ; ses camarades, son régiment tout entier l'auraient attesté à l'enquête, s'il les avait appelés.

L'affaire fut bientôt bâclée. Elle dura juste le temps nécessaire aux avoués et aux avocats pour gagner de gros honoraires, et à l'Enregistrement pour pressurer les deux plaideurs : « Attendu que la femme P... a prouvé que, désormais, la vie commune était devenue impossible... la déclarons séparée de corps et de biens d'avec P...; condamnons P... à tous dépens, et, en outre : 1° à remettre à sa femme les 40,000 francs qu'elle a apportés en dot; 2° à lui faire une rente annuelle et viagère de 3,000 francs, dont 1,500 francs destinés à ses besoins propres, et 1.500 francs à pourvoir aux frais d'éducation de sa fille.

« Disons que la fille des époux P... sera confiée à sa mère jusqu'à l'âge de seize ans; que le père aura le droit de la voir dans une maison tierce, pendant une heure, chaque semaine. »

P... tomba des nues et fut comme foudroyé en apprenant cette sentence. Il fit appel. L'appel confirma la sentence.

Il eut à payer :

Dettes laissées par sa femme jusqu'au début du procès . . . .   18,000 fr.
 La dot de sa femme.   40,000
Frais du procès, provision alimentaire et
ad litem pendant sa durée.   48,000

Total . . . .   106,000 fr.

La vente de sa propriété, faite trop précipitamment, n'ayant rendu que 90,000 francs, il est resté avec une dette de 16,000 francs en capital, et une charge annuelle de 3,000 francs à prendre sur ses modestes appointements de chef d'escadron de cavalerie.

Ses amis se sont cotisés pour faire les 16,000 francs que, probablement, il ne leur rendra jamais complètement.

Un mois après l'arrêt de la Cour d'appel, il voyait entrer, dans sa modeste chambre, sa femme qui se précipitait dans ses bras. — Il n'a pas eu le courage surhumain de lui pardonner : il l'a fait éconduire par le propriétaire de son modeste logement.

La petite fille, mal soignée, est morte dix-huit mois après l'arrêt de la Cour. La mère, ruinée avant la fin de la seconde année, a disparu : on ignore ce qu'elle est devenue.

Et les magistrats, les avoués, les avocats qui ont fait cela ont continué à vivre, à manger, boire et dormir aussi calmes que si aucun malheur n'avait jamais frappé aucun humain sur la terre, par leur faute ! !

Je vous avoue que, quelque désintéressé que je sois, par système, dans toute question qui ne me regarde pas, j'ai toujours cru que, si les juges avaient vertement admonesté la demanderesse et ses deux témoins, tout en rejetant la demande, aucun de ces malheurs ne serait arrivé, et que

Mme P... serait redevenue une épouse affectueuse, fidèle, soumise et dévouée.

Mais le vent, aujourd'hui, ne souffle pas dans ce sens-là.

Je tiens le récit de ce conflit judiciaire des deux avoués qui s'y sont trouvés en présence. L'avoué du mari, un homme d'une grande bonté et d'une grande honnêteté, me disait : « On est navré, quand on voit la magistrature française rendre systématiquement des jugements aussi déplorables, et cela pour ne pas manquer à cet engagement tacite, pris par tous les tribunaux, de ne jamais contraindre une femme à rester dans son rôle d'épouse quand elle n'en veut plus. A une autre époque, nous aurions dix fois, plutôt qu'une, gagné ce procès. »

L'avoué de la femme, un gros réjoui, au caractère cynique, que j'eus l'occasion de voir quelques jours après, me dit : « Si jamais gain d'un procès m'a étonné, c'est bien celui-là. Mais aussi le mari s'est montré d'une naïveté, d'une incurie, d'une bêtise dont on n'a pas d'idée. Nous l'avons roulé sans qu'il ait en aucune façon songé à se défendre de nos manœuvres. »

Le gain ou la perte d'un procès de cette importance tient, selon lui, à la ruse et au savoir faire de l'avoué, et non à la bonté de la cause.

En entendant cela, je me suis dit : « Ce n'est pas, heureusement, tout à fait ainsi que la justice est rendue en Belgique. »

Autre exemple :

Le marquis de G..., maître de sa fortune à vingt-six ans, 400,000 francs environ en propriétés, épousait, il y a ...

ans, Mllo do L...., jeune fille orpheline, d'une rare beauté,
dont l'avoir était annoncé s'élever à 550,000 francs
en valeurs de portefeuille, avec espérance de la fortune
d'un oncle, son tuteur, dont elle était l'unique héritière.

Après un an de mariage, le mari réclamant au tuteur
la remise de la dot, constatait un déficit de 350,000 francs,
résultant de placements déplorables faits par le père avant
son décès.

Toute autre femme que la marquise de G..., en présence d'une découverte semblable, eût été honteuse et
profondément attristée; elle aurait fait tous ses efforts pour
se faire pardonner la fraude involontaire qu'elle avait com-
mise. C'était, en réalité, le mari qui perdait, puisqu'il avait
signé au contrat de mariage un reçu en forme de la remise
de la dot.

Mme de G... avait, dès les premiers jours, exigé un
grand train de maison, des voyages, une existence, en un
mot, qu'eût couverte à peine une fortune de 80,000 francs
de rente. Loin de proposer de réduire son train de maison
et de proportionner ses dépenses aux ressources, elle
voulut se distraire par une vie plus mouvementée encore
que par le passé. Aux prières du mari, elle répondit par
des accès de colère et par un refus absolu de tous ses
droits d'époux. L'accès de sa chambre à coucher fut à
tout jamais fermé au marquis de G..., et fut, au bout de
peu de temps, largement ouvert à tous ses amis qu'elle
appelait en grand nombre chez elle.

Le mari, pour payer la dépense effrénée qui se faisait
chez lui, employa d'abord les 200,000 francs restant de la
dot de sa femme, puis vendit et mangea ses propriétés.

Le cœur dévoré de chagrin, il prit l'habitude de s'ab-
senter souvent, de vivre de longues semaines chez des

parents et chez des amis. Pendant ces absences, la femme introduisit et se mit à entretenir chez elle des amants salariés et de bas étage. La sixième année, ne pouvant plus obtenir de son mari aucun argent, accablée de dettes, Mme de G..., lança une demande en séparation.

Ses amants comparurent comme témoins, pour raconter les colères du mari. Le juge enquêteur n'a point songé à leur demander comment et pourquoi ils s'étaient trouvés dans la maison et à quel titre ils y étaient. Le Tribunal et la Cour ont donné gain de cause à la femme.

Le mari, ruiné et écrasé de honte, est parti pour les Etats-Unis, où il a pris la profession de cocher de fiacre ; la femme, au bout de deux ou trois ans de séparation et de vie galante plus ou moins éhontée, a finalement été rencontrée sur les trottoirs du quartier Bréda, le soir à onze heures, attendant une dupe qui voulût bien la faire dîner. Cette femme, Madame, a été, je ne l'oublierai jamais, une des plus splendides étoiles que j'ai rencontrées dans vos salons, la première année de son mariage.

Si j'avais eu à juger cette femme, avec mon gros bon sens de philosophe éclectique, j'aurais dit: « Madame, la ruine de votre mari est votre œuvre ! Le Tribunal ne peut par conséquent, recevoir votre plainte. Rentrez dans la ligne du devoir et marchez-y droit, ou nous sévirons contre vous. »

Je crois qu'en jugeant de la sorte, j'aurais rendu un grand service à la femme et j'aurais évité un grand scandale.

Autre exemple encore:

J..., est l'artisan de sa fortune : il est dans l'industrie. Son avoir est évalué deux millions et demi, environ.

Rencontrant sur sa route, alors qu'il n'avait que deux cent mille francs de gagnés, une femme d'une grande beauté, qu'il croit disposée à l'aimer, il l'épouse en lui donnant pour dot, — parce qu'elle n'avait pas un sou vaillant, — la moitié de sa fortune. Le contrat déclarait qu'elle apportait cent mille francs et que son mari n'en apportait pas lui-même davantage.

Des spéculations heureuses, faites dans des conditions inespérées, décuplèrent rapidement l'avoir commun. Mme J. se prit à aimer les dépenses excessives. Bientôt des parasites nombreux introduits par elle dans la maison, parmi lesquels des amants, réduisirent le mari à un véritable rôle d'intrus à son propre foyer. J... se plaignit; elle plaida la séparation et gagna.

Le mari dut payer tous les frais du procès : plus de cent mille francs;

Il dut remettre à sa femme sa dot « imaginaire » : cent mille francs ;

Plus, la moitié du reste de sa fortune, gagnée par lui exclusivement, mais attribuée par la loi à la communauté.

La femme, libre de toute contrainte, fait, avec ses quatorze ou quinze cent mille francs de fortune que lui ont si libéralement attribués le Tribunal et la Cour, la joie des amants qui l'ont aidée dans cette belle campagne.

Le mari, qui se considère comme déshonoré par la sentence infâmante qui l'a frappé, a liquidé : il a fui la ville où ces faits se sont passés, et cherche, dans l'étude, dans des voyages et dans des œuvres de charité une consolation à sa peine.

Vous vous récriez contre les jugement qui produisent ces résultats. — Mais songez donc ! — Et le principe qui veut

qu'on no contraigne plus jamais uno femmo à rester unie
à son mari, la grande protestation contre l'indissolubilité du
mariage, que deviendraient-ils si on jugeait autrement ?
Puis enfin, cette femme a fourni des témoins, on a entendu
sa sœur, son amant, uno femme de chambre qui a reçu
trois cents francs pour réciter la déposition que lui avait
apprise et serinée l'avocat ?

Si ces témoins n'avaient pas suffi, on en aurait produit
bien d'autres. On en a tant qu'on veut, à raison de 50 ou
25 francs par tête. Les agents d'affaires qui travaillent dans
les ruptures de mariage, vous en fournissent d'autant plus
volontiers qu'ils se savent à l'abri de tout souci de la part
du parquet. Jamais, en France, un témoin n'est inquiété
quand il s'agit de ces sortes d'affaires. Cela dérangerait
les conclusions de MM. du parquet, qui demandent toujours
que la femme sorte libre de ce conflit judiciaire.

Je pourrais vous fournir cent, deux cents exemples de
faits analogues ou semblables à ceux que je viens de citer,
qui prouvent avec la dernière évidence que la magistrature
française tout entière, ou à peu près tout entière ne veut
plus de l'indissolubilité du lien du mariage.

L'extrême facilité avec laquelle les femmes obtiennent
aujourd'hui une séparation de corps, les 2,500 sentences
qui, chaque année, délient des mariages, prouvent jusqu'à
la dernière évidence que tous les magistrats veulent, en
principe, la suppression de « l'indissolubilité du mariage »;
qu'ils concluent implicitement et fatalement au divorce. Est-
il admissible, en effet, qu'on persiste indéfiniment à briser
à tout moment des mariages, sans songer à permettre aux

gens ainsi rendus à la liberté de renouer des unions nouvelles ?

Deux mille cinq cents séparations chaque année, ce sont
cinq mille sujets chaque année qui demandent à se marier ;
qui, comme le dit fort bien M. Naquet, « ont un besoin
impérieux de se marier. »

Les procès en séparation de corps sont, entre tous, ceux
que préfèrent les avoués et les avocats. — Ce sont ceux
qui leur rapportent les plus gros honoraires. Vous avez, de
tout temps, eu des avocats qui s'en sont fait une spécialité,
qui sont très habiles à monter l'affaire, à inventer les
griefs, à trouver les témoins, à les styler, et qui se font une
gloire de venir au Palais déverser sur le malheureux
mari, qu'ils savent parfaitement innocent, les calomnies
les plus effrontées. Les juges savent la moitié du temps,
qu'il n'y a en tout cela qu'une indigne comédie ; mais que
voulez-vous ? les témoins ont prêté serment ! — Humai-
nement parlant, on sait bien qu'ils ont menti ; mais juridiquement parlant : ils ont prêté serment. Cela suffit pour
qu'un Tribunal rende la liberté à une femme qui ne veut
plus rester engagée dans les liens de son mariage.

Vous me direz sans doute : « Vous me parlez de ces
conflits judiciaires entre époux, en des termes tels que
l'on croirait que jamais un mari n'est coupable, et que
toujours les femmes ont à elles seules tous les torts. »

A cela je répondrai qu'en effet, c'est la règle générale.
A part des exceptions relativement rares, c'est la femme
qui commence, et les torts du mari ne sont, les trois quarts
du temps, que la conséquence des torts de la femme. J'en

parlo en homme qui croit que les art. 312, 313, 314 avaient
du bon.

La loi, jusqu'ici (on voit bien que ce sont des hommes
qui l'ont faite), permettait au mari l'adultère hors du foyer
conjugal. Juridiquement parlant, la femme n'était pas autorisée à se prétendre outragée, selon l'esprit des art. 230, 231
du Code civil, quand son mari commettait l'adultère, en
restant dans la mesure que lui accordait la loi. C'est cependant le grief que les femmes jettent toujours en avant le
premier et qu'accueillent le mieux les juges, fondé ou non
fondé.

La femme, en ayant un amant, en refusant l'accès de la
couche nuptiale au mari, — chose excessivement commune aujourd'hui dans les classes élevées ; — en se mon-
trant dissipée, acariâtre, dépensière, provoque presque
toujours chez son mari l'aigreur ou, comme diversion,
l'adultère. D'où j'estime que, depuis 1816 jusqu'au jour où
va être votée la loi de M. Naquet, le devoir impérieux du
procureur du roi, de l'Empire ou de la République, aurait
été de rechercher par tous les moyens dont il dispose, — et
on sait qu'ils sont nombreux, — la culpabilité provocatrice
de la femme, de la mettre en évidence au cours du procès,
et de demander impitoyablement dans ses conclusions le
rejet de l'instance de cette femme coupable. Cette recherche
n'a jamais été faite ni par les procureurs près des Tribunaux, ni par les procureurs généraux. Ces messieurs se
contentent de se faire communiquer les dossiers, le plus
souvent quelques heures avant l'audience ; ils y cherchent
le moyen d'appuyer leur opinion pour faire séparer les
époux ; puis c'est tout.

Être sévère eût mieux valu, je crois, que de laisser passer, comme on a pris l'habitude de le faire, toutes les ca-

lomnies produites à ces procès, et de provoquer des séparations qui font le malheur de tant de femmes et ruinent
l'institution sociale du mariage.

Quand un mari, désespéré du trouble dont sont menacées
sa vie et sa fortune, veut plaider le rejet de la demande de sa
femme, il trouve très difficilement un avocat. La réponse
de tous ceux qui ont un certain renom est identique : « Nous
plaiderons, si vous le voulez, une demande reconvention-
nelle : vous avez beaucoup de chances pour gagner ; mais
nous ne plaiderons jamais un rejet pur et simple de la demande de votre femme : ce serait ridicule ! Il faut, avant
tout, être pratique. »

En sorte qu'on peut dire, que tous concluent fatalement
soit par leur opinion bien arrêtée, soit par la force des choses, à la suppression de l'indissolubilité du mariage ; ils
concluent, par le fait et implicitement, à la nécessité de
permettre aux personnes séparées de corps, de contracter
de nouvelles unions.

Ici, Madame, je vous demande la permission d'ouvrir
une parenthèse pour réfuter une erreur de M. Naquet. Je
ne voudrais pas, en approuvant les choses justes qu'il a
dites, me faire le complice des erreurs qu'il commet.

M. Naquet compare le chiffre des instances en séparation
de corps engagées en France, à l'époque actuelle, le chiffre
des jugements brisant des mariages, avec ces mêmes chif-
fres relevés dans la période de 1803 à 1816, en France, et
le même chiffre encore chez les nations civilisées qui jouis-
sent de l'institution du divorce. Il en conclut que le divorce
serait le véritable caducée, la branche d'olivier de la paix

des ménages. Je suis bien fâché d'avoir à contredire M. Naquet ; mais ses conclusions sont sur ce point absolument fausses. L'épreuve qui va être faite en France d'ici vingt-quatre mois lui montrera à quel degré son erreur est grande. Au lieu de cinq mille demandes en séparation que vous voyez engager actuellement chaque année, au lieu de deux mille cinq cents séparations prononcées, ce sera dix mille demandes et au moins six mille sentences de divorce que vous allez compter. Le principe qui fait agir vos juges aujourd'hui, les guidera demain, et les demandes étant plus nombreuses, puisque l'exemple sera plus fréquent encore, (il n'y a rien qui entraîne, vous le savez, comme l'exemple) les sentences des juges qui ne veulent pas, systématiquement, la conservation de la servitude de la femme dans le mariage, seront proportionnelles aux instances.

Au commencement du dix-neuvième siècle, les sentences de divorce et de séparation de corps ont été comparativement peu nombreuses, parce que les juges s'inspiraient des intentions des législateurs qui avaient préparé et formulé la loi ; les demandes étaient beaucoup moins nombreuses parce que les femmes savaient qu'elles pouvaient être très mal reçues par les magistrats. Aujourd'hui elles ont l'assurance d'être toujours écoutées et satisfaites : elles y vont de tout cœur. C'est, en très grande partie, l'attitude prise par les magistrats dans la question, qui a amené le nombre énorme de demandes en rupture de mariage que l'on compte aujourd'hui. Rien n'indique dans le projet actuellement à l'étude, que les juges doivent changer de ligne de conduite ; nulle espérance ne peut donc être conçue qu'il y aura moins d'instances à fin de rupture de mariage, et moins de sentences de divorce. Au contraire, le projet de M. Naquet apportant à la femme la ressource de griefs nouveaux, entre autres l'adultère du mari, les demandes en divorce vont être considérablement plus nombreuses et, par conséquent, les sentences de divorce.

La même cause fait qu'il y a moins de divorces dans les pays qui vous entourent, que de séparations de corps en France. Les juges de ces pays ne sont pas animés des mêmes sentiments que les vôtres.

Je dois ajouter ici, pour compléter l'analyse que je viens de faire de la question au point de vue de la loi, que, dans l'étude que j'ai faite du mariage en France depuis une trentaine d'années, à Paris et dans la plupart de vos provinces, j'ai constaté que, dans les classes inférieures, chez les artisans, chez les paysans, dans le petit commerce, le préjugé qui attribue au mari des droits moraux et physiques sur la personne de sa femme, sur son corps, tels que les définissaient les articles 212, 213 et 214 du Code civil est encore assez répandu. Beaucoup de femmes, dans ces classes inférieures, croient encore qu'elles ont, dans la personne de leur mari, un maître, et vivent en conséquence.

Toutefois le nombre des pauvres gens qui conservaient ce préjugé diminue considérablement depuis que l'Assistance judiciaire vient si généreusement en aide aux femmes pauvres qui veulent redevenir libres. Ce sera probablement bien autre chose quand Messieurs de l'Assistance judiciaire auront à aider ces intéressantes femmes à user du divorce !

J'arrive, Madame, à un point de la question que, incontestablement, vous considérez comme le plus important entre tous : je vais aborder la proposition de loi de M. Naquet dans ses rapports avec les exigences de la religion catholique.

Tout ce que j'ai pu avancer et prouver dans les pages qui précèdent, s'est heurté dans votre esprit, je le sais sans que vous ayez besoin de me le dire, au « *non possumus* » si souvent mis dans la bouche de vos pasteurs. Vous me répliquez, je le vois d'ici : « Quelque démonstration que vous me puissiez faire de l'utilité et de l'irrésistible nécessité de l'introduction du divorce en France, nous ne l'admettrons jamais parce que l'Église le repousse : *Non possumus.* »

Cet argument est loin d'être sans réplique.

Eh ! d'abord, qu'importe que vous l'admettiez ou ne l'admettiez pas ? Si le plus grand nombre le veut, la loi sera votée et nul ne vous obligera à en user si votre conscience y répugne.

Le législateur, en instituant le divorce, ne dira jamais : « Tous divorceront : ceux qui ne le voudront pas comme ceux qui en auront envie. » Je ne vois pas, par conséquent, en quoi la loi de M. Naquet troublera le repos de vos amis. Les catholiques prendront soin de ne marier leurs enfants, de ne se marier qu'avec des sujets, hommes aussi bien que femmes, qui, par leurs antécédents, leur éducation, leurs mœurs offriront des garanties contre les perspectives de divorce.

Si, malgré les précautions prises, un mari catholique se voit enlever sa femme, ou si une femme catholique se voit rejetée de la couche nuptiale par son mari, quelle différence trouverez-vous pour eux, entre ce qui se fait aujourd'hui dans la séparation de corps approuvée par l'Église, et ce qui se fera avec le divorce ? Est-ce la nouvelle union qui sera peut-être contractée par l'un des époux divorcés, qui vous préoccupe ? Mais l'époux catholique qui voudra rester dans la règle stricte de sa religion et qu'on aura séparé malgré lui, ne se remariera pas. De ce côté, il sera complètement libre.

Tous les jours, des hommes séparés judiciairement ou à l'amiable, prennent une autre femme et vivent très tranquillement avec elle ; des femmes séparées ont des amants, sans que jamais l'autre époux se soit cru contraint à faire de même. En admettant que l'Église ne reconnaisse jamais le divorce (ce qui est une question), qu'importe à un époux catholique, esclave des lois de l'Église, que son conjoint divorcé se remarie ? Il est bien libre, lui, de rester dans le célibat.

Je comprendrais l'opposition de vos amis, dans un milieu social où la séparation de corps n'existerait pas, où elle serait réprouvée par l'Église. Un époux catholique, homme ou femme, dirait : « Je suis entré dans les liens du mariage par un sacrement. La chaine rivée sur moi par ce sacrement me tient lié, ou liée, pour la vie ; je ne veux pas qu'on touche à cette grande et sainte chose, à cette assise fondamentale de l'ordre social, dont je suis un gardien, ou une gardienne : « mon mariage ! » Je ne permettrai pas qu'on m'enlève ma femme ! Je proteste de toute la force de mon âme contre les entreprises ourdies pour m'arracher au foyer de mon époux ! » L'un et l'autre disant : « Ma conscience, ma religion, aussi bien que mon cœur, me font un devoir de cette résistance ! »

Mais cette résistance et cette protestation ne s'expliquent

plus, quand la rupture du mariage par la séparation de corps est si profondément ancrée dans vos mœurs et si généreusement acceptée par l'Église.

L'Église protestant contre la séparation de corps, contre l'annulation de son sacrement, et repoussant en même temps le divorce ; cela serait logique : mais l'Église venant protester contre ce que pourront faire les gens qui ont foulé aux pieds leur mariage, le sacrement, qui se sont fait démarier par une sentence de séparation de corps, avec son approbation : c'est, permettez-moi de le dire, un non-sens. En admettant la rupture des mariages avec autant de désintéressement qu'elle l'a fait jusqu'ici, elle a ouvert toute grande la porte au divorce ; je dirai plus : elle l'a rendu inévitable et nécessaire.

Que vos évêques, jusqu'à ce qu'ils se soient résignés à admettre le divorce, — ce qui arrivera probablement tôt ou tard, — disent : « Notre loi religieuse actuelle nous défendant de remarier des gens dont un mariage précédent n'a pas été dissout par la mort de l'un des époux, nous informons nos fidèles que nous ne donnerons pas le sacrement de mariage aux personnes divorcées qui pourraient venir le demander. » Rien de mieux ! Mais prétendre intervenir dans les affaires de gens qui ne leur demandent pas le sacrement de mariage, qui ne veulent pas le leur demander ; de gens qui ne reconnaissent pas votre religion, ni l'autorité de vos prélats, alors surtout que ces gens-là sont l'immense majorité, je trouve que cela n'est pas admissible.

Des multitudes de personnes vivent aujourd'hui ensemble, unis comme mari et femme, sans avoir jamais comparu ni devant le maire, ni devant le prêtre d'aucune religion. Je ne sache pas que jamais aucun prélat catholique ait élevé la voix pour demander une loi qui empêchât que cela se continuât.

De très nombreux ménages sont unis par le maire et point par le curé. Où sont ceux de vos évêques qui ont élevé la voix à la Chambre des députés ou à la Chambre haute, pour que la loi de 1803, qui autorise cet ordre de choses, fût rapporté? Il n'y en a pas. Pas un, remarquez-le bien ; pas un, sauf erreur de ma part, et je crois être bien renseigné, n'a élevé la voix ni à la Chambre des députés, ni à la Chambre des Pairs, ni au Sénat, pour faire rapporter la loi qui a fait du mariage un acte purement civil; pas un n'y a fait présenter par un des nombreux amis qu'ils y ont toujours comptés, un projet de loi tendant à rendre au clergé sa vieille autorité dans la question du mariage. Les temps opportuns pour une semblable réclamation, pour la présentation d'un semblable projet de loi, n'ont pourtant pas manqué, sous la Restauration, à certains moments du règne de Louis-Philippe, en 1818-49, sous l'Empire. — La véritable cause de ce silence, croyez-le bien, c'est que la question n'est pas aussi grave aux yeux de vos prélats que vous le supposez et qu'ils ne tiennent pas autant qu'on le dit, dans le monde où vous vivez, à rendre à l'institution du mariage son ancien caractère exclusivement religieux. Pourquoi? Je l'ignore ; je constate, je déduis d'un ensemble de faits, mais je n'explique pas les causes, je ne les devine pas. J'ajouterai que, restant à mon point de vue éclectique, je crois qu'il eût été meilleur pour le grand corps de votre épiscopat, pour la religion qu'il dirige et surtout pour l'ordre social, que vos évêques luttassent davantage pour reconquérir leur autorité sur les mariages entre catholiques. Ils ne l'ont pas fait, c'est leur affaire. Explique qui pourra le pourquoi.

Il m'est particulièrement impossible de comprendre comment il se fait que, depuis 1816, ils ont laissé aux mains des juges laïques la connaissance des procès de séparation de corps, et pourquoi ils n'ont jamais protesté contre la doctrine individualiste qui inspire les magistrats français dans ces procès, et les porte toujours à rendre la sentence de séparation, quand la raison d'être de l'instance n'est autre que la fantaisie de la femme ou son désir de se livrer sans entrave à la débauche.

Cela est d'autant plus étonnant que tout, dans votre religion, semble exiger le contraire.

L'autorité du mari est consacrée dans l'enseignement génésiaque, dès les premières pages de la Bible : « Dieu créa l'homme à son image pour être le maître de toutes choses. Il forme ensuite la femme d'un morceau de la chair de l'homme »; signe indéniable de la soumission à laquelle il destine cette dernière. Dans toutes les lois que plus tard il dicte aux chefs de son peuple, à Moïse, à ses successeurs, l'autorité de l'homme sur la femme est toujours maintenue. Elle y est affirmée jusques et y compris le droit de la répudier. L'homme peut renvoyer son épouse pour cause d'adultère, alors qu'aucun droit semblable ou analogue n'est accordé à la femme.

Saint Paul, venant longtemps après Moïse, dit : « Mes frères, que les femmes soient soumises à leurs maris, parce que le mari est le chef de la femme ..... que la femme révère son mari. »

..... « L'homme n'a pas été créé pour la femme, mais la femme pour l'homme. »

Saint Mathieu, de son côté, a dit, en parlant du mariage : « Que quiconque veut renvoyer sa femme lui donne un écrit par lequel il déclare qu'il la répudie... Et moi je

vous dis : « Que quiconque aura renvoyé sa femme... »
Plus loin : « Ils ne seront plus deux, mais une même chair,
ce que Dieu a uni, que l'homme ne le sépare pas. » Saint
Luc : « Quiconque renvoie sa femme... »

Parmi les paroles que prononce le prêtre catholique
lorsqu'il unit deux époux, je trouve les suivantes : « Dieu
éternel ... qui après avoir fait l'homme à votre image, lui
avez donné pour être son aide inséparable la femme que
vous avez formée de lui-même, pour nous apprendre qu'il
n'est jamais permis de séparer ce qui a été uni dans l'institution que vous avez faite... »

Quand je vois ces textes de loi religieuse et ces docu-
ments si positifs qui affirment la supériorité de l'homme
sur la femme, et l'indissolubilité du mariage, je considère
comme un mystère insondable la tolérance, l'indulgence,
l'indifférence, permettez-moi le mot, de vos prélats à l'en-
droit des femmes catholiques séparées de corps d'avec
leurs maris, et à l'égard des magistrats qui ont accepté de
juger les conflits entre les époux et qui ont brisé des mariages. Il me semble que, aux époux catholiques désunis,
aux juges qui ont brisé la chaîne, aux avocats qui ont
plaidé, l'évêque devait dire : « Vous avez touché à l'arche
sacrée ; vous avez offensé la réligion que nous avons
chargé de défendre ; vous avez foulé aux pieds le sacrement du mariage : désormais vous êtes rejetés du sein de
l'Église ! »

Quelques époux, quelques magistrats et avocats auraient
répliqué, c'est incontestable : « Cela nous est absolument
égal ! » Mais beaucoup y auraient regardé à deux fois ; et
la mode de plaider en séparation n'aurait pas pris le déve-
loppement que nous lui avons vu prendre. Convenez, entre
nous, que si vos évêques avaient agi de la sorte, au lieu de

2,500 ou 2,600 ruptures de mariage que vous comptez chaque année, vous n'en compteriez que deux ou trois cents ; et les choses n'en iraient pas plus mal. Les catholiques auraient forcément donné le ton ; les autres auraient suivi. La mode, au lieu d'être à la séparation de corps et au divorce, comme elle y est aujourd'hui, serait à la concorde dans les ménages.

L'Église, si j'en crois les paroles que j'ai entendu, plusieurs fois, des prédicateurs, adresser du haut de la chaire catholique à des femmes pieuses, ne tiendrait plus beaucoup à la suprématie de l'epoux sur l'épouse. J'ai entendu plusieurs fois, en effet, quelques-uns de ces bons Pères qui, probablement, ignoraient l'usage qu'allaient faire de leurs conseils les dames qu'ils prêchaient, une fois rentrées au foyer, dire : « Mesdames, vous avez charge d'âmes ; par le mariage vous avez reçu la mission de diriger vos maris dans la vie, de les protéger, de les conduire à travers les écueils du péché, etc. » D'où ces pieuses dames tiraient toutes cette conséquence, que toutes paroles, toutes volontés, toutes actions des maris doivent être passées au crible du jugement de leurs femmes, et que les femmes ne doivent obéir et être soumises que quand leur jugement leur dit qu'il y a lieu ; — c'est-à-dire « jamais ».

Un docteur en théologie avec lequel je traitais ces questions, il y a quelques mois, m'affirmait que l'Église, aujourd'hui, tient sur un pied d'égalité absolue l'épouse et l'époux ; et que, notamment en matière de séparation, elle étend à la femme le droit de répudiation dont la Bible et ensuite l'Évangile avaient fait une prérogative si exclusive de l'homme. Si ce que ce docteur m'a dit est exact, s'il n'a pas commis d'erreur, franchement, je ne comprends plus qu'une seule voix dans le clergé, une seule voix dans le cortège nombreux de fidèles qui l'entoure, puisse faire opposition à une proposition de loi de divorce.

Si, réellement, la femme a le droit de « répudiation » (comme au temps de la décadence romaine, où les femmes changeaient aussi souvent de maris, que Rome de consuls), si la femme, qui a fui son mari pour un caprice, ou même parce que du fait de ce dernier elle se serait trouvée malheureuse, est l'égale aux yeux de vos prélats de celle qui a suivi scrupuleusement et à la lettre toutes les prescriptions de la loi ancienne et de celles des Apôtres, il est absolument irrationnel de refuser aux femmes séparées, le droit de contracter de nouvelles unions. Le divorce est la conséquence fatale de cette émancipation inouïe de la femme. Que la femme payenne dise : « Je suis une citoyenne ! Je demande à la loi les mêmes droits et la même protection qu'elle accorde à mon mari, cela se comprend ; mais qu'une femme catholique, faisant litière de toutes les prescriptions et de tous les enseignements de l'Ancien et du Nouveau Testament, soit autorisée à tenir ce même langage, j'avoue que cela me paraît phénoménal et me laisse stupéfait. J'ai besoin de l'entendre affirmer encore, et bien des fois, pour le croire.

D'autres faits, et ceux-là d'une importance non moins grande que ceux qui précèdent, me portent à croire que le clergé français n'est pas aussi éloigné d'accepter le divorce que vous semblez le supposer.

Voilà trois ans que M. Naquet a entrepris sa campagne réformiste et qu'il la poursuit avec une grande ardeur.

Une pétition très savamment préparée à été présentée au Sénat, voilà, je crois, deux ans, et y a été l'objet d'un rapport et d'une discussion sérieuse ; depuis trois ans la presse progressiste tout entière prête un concours très actif à M. Naquet. Le projet est admis en principe par la Chambre, nul ne doute que la loi passera à la Chambre des députés et au Sénat et que dans six ou huit mois elle sera promulguée ; et pas un prélat jusqu'ici n'a pris la parole pour lutter contre elle ! Quelques journaux réactionnaires ont fait quelques plaisanteries, quelques lazzi sur cette matière, sur la personne de M. Naquet ; mais, pas un de ces journaux n'a engagé une lutte sérieuse ; pas un député de vos amis, pas un sénateur du même parti n'a élevé la voix pour s'opposer au torrent. Pour moi, ce silence obstiné, persistant, est la preuve évidente que le clergé catholique ne voit pas venir avec un si grand effroi cette loi.

Le souverain pontife, Léon XIII, peu de temps après son avènement au trône pontifical, a lancé une encyclique adressée à ses anciens diocésains de Pérouse, dans laquelle il abordait la question du mariage. J'ai cru pendant un moment qu'il ouvrait le feu du combat, que cette lettre était une invite à l'épiscopat français pour le porter à engager une lutte contre la loi annoncée de M. Naquet. J'étais dans l'erreur. Cette première attaque devait rester isolée. Elle n'avait probablement pas, dans l'esprit de celui qui venait de la lancer, le but que j'avais supposé. L'épiscopat français est resté inerte.

Si le haut clergé de France n'était composé que de sujets d'une valeur médiocre, impuissants, comme cela se rencontre chez d'autres nations, on comprendrait son mutisme ;

mais, chez voûs, cette excuse ne peut être invoquée. Vos évêques, et avec eux une multitude de prêtres, sont des hommes supérieurs; quelques-uns sont des hommes d'une très grande valeur. Ils viennent de faire leurs preuves depuis dix-huit mois dans la campagne brillante qu'ils ont engagée et vaillamment poursuivie contre la loi de M. Ferry. Je n'exagère pas, en prédisant que l'histoire en consacrera le souvenir et le portera bien loin dans l'avenir aux générations futures. Ils ont entraîné avec eux toute une phalange d'hommes d'Etat, de députés, de sénateurs, de journalistes dont l'ardeur au combat était magnifique. Il s'agissait de l'éducation de l'enfant, des prérogatives inaliénables du père de famille ; cette ardeur au combat était légitime. Et voilà que, quand il s'agit du mariage, tous se taisent. N'est-ce pas là une preuve évidente que la question n'a pas à leurs yeux la même importance ?

Je ne vois pas les choses de la même manière. Je crois que la question du mariage vaut bien celle de l'instruction de la jeunesse.

Quand au « *Non possumus* », c'est, permettez-moi de le dire, une arme qui n'effraie plus et n'arrête plus personne. L'Eglise, dit la doctrine catholique, a tous pouvoirs pour lier et délier; et elle en use, on doit le reconnaître, avec mesure et prudence.

Par exemple, quand j'avais l'honneur de m'asseoir à votre table, il y a trente ans, un samedi, vous me priviez impitoyablement de chair de bœuf, de mouton, de gibier, de volaille : vous me contraigniez à me nourrir de poisson, d'œufs, de légumes, de quelques gibiers d'eau. C'eût été, me disiez-vous, un gros péché que de manquer aux lois de l'abstinence ; vous auriez préféré mourir plutôt que de le commettre. « *Non possumus* » disait l'Eglise. Et voilà qu'aujourd'hui l'Eglise a dit : « *Possumus* ». Et vous me faites manger, le samedi, d'excellents filets de bœuf, du gibier exquis, des poulardes du Mans, des terrines de foie gras, que sais-je ! « *Alia tempora, alia lex.* »

De même pour les carêmes. Il en fallait faire deux chaque année jadis, m'avez-vous dit quelquefois : un, avant Noël; un, avant Pâques. Le « *Non possumus* » l'exigeait. On a supprimé le second, et finalement vous mangez de la viande quatre fois chaque semaine du premier. Le « *Non possumus* » d'autrefois est devenu le « *possumus* » aujourd'hui.

Il y a huit siècles, vous étiez, vous catholiques, obligés de vous confesser deux fois l'an sous peine de damnation. A celui qui disait à l'Eglise : « Contentez-vous, pour moi, d'une seule fois, » elle répondait : « *Non possumus* » Aujourd'hui, c'est « *Possumus* » qu'elle réplique.

A l'autorité civile qui, il y a cent ans, aurait dit : « Je vais marier deux catholiques », à ces deux catholiques allant demander à la mairie le mariage, l'évêque, le curé, auraient dit : « *Non possumus* », « vous êtes des sacrilèges », « vous êtes anathèmes; » aujourd'hui elle dit : « *Possumus.* »

Ce sera la même chose pour le divorce : quand l'Eglise aura bien constaté que le courant est irrésistible; — elle sait qu'il y a des courants qu'on ne remonte pas; — elle dira « *Possumus* », n'en doutez pas. Ce n'est pas que je le souhaite; j'aurais trouvé meilleur, au contraire, qu'elle eût pris ses mesures pour ne se voir jamais acculée à cette obligation d'y arriver. Mais je le dis, parce que je considère que cela arrivera fatalement, et cela arrivera parce que les chefs de la religion catholique n'ont pas fait ce qu'il eût été utile de faire pour que cela n'arrive pas.

Acceptez donc, sans plus vous plaindre, ce qui est fatal et ce que la force même des choses vous impose.

————

Je ne veux pas clore cette lettre sans réfuter deux erreurs avancées par M. Naquet dans les considérants de son projet de loi, et répétées ensuite à toutes les conférences qu'il fait pour provoquer des manifestations de sympathie en faveur du divorce. Ces deux erreurs sont :

1° Que le peuple juif aurait eu le divorce dans ses lois, avant l'ère chrétienne, et qu'il l'aurait pratiqué;

2° Que l'Eglise catholique admet et pratique quelquefois le divorce.

Ces deux erreurs étant partagées par un assez grand nombre de personnes, parmi celles qui s'occupent de la question, je tiens à vous dire que je ne m'y suis point laissé prendre.

M. Naquet, dans le premier cas, fait une confusion entre deux choses bien différentes : la « répudiation » et le « divorce ». Dans le second cas, il confond le « divorce » avec la « déclaration de nullité de mariage ».

Le divorce est le droit attribué à la femme, aussi bien qu'au mari, neuf fois plus à la femme qu'au mari, chez vous, puisque neuf femmes contre un homme ont recours, en France, aux tribunaux pour faire briser leurs mariages, de réduire à néant un mariage existant, pour reprendre la vie libre que mari ou femme avaient avant de se marier et pouvoir, s'ils le veulent, contracter un nouveau mariage. Avec l'institution du divorce, tout individu, homme ou femme, divorcé, peut se remarier, puis divorcer une se-

condo fois, puis se remarier encore, pour divorcer toujours,
et cela autant que durera la vie. C'est le paroxysme de la
liberté individuelle. L'économiste individualiste est forcément partisan du divorce.

L'idée de divorce entraîne nécessairement avec elle
l'exemption, pour tout individu qui en use, d'exposer les
raisons qui le font agir. Le droit à la libre disposition de sa
personne emporte avec lui le droit de prendre et laisser ses
relations, relations conjugales et autres, à tout moment de
la vie, sans autre explication à fournir que celle-ci : « Il
me plaît de changer. » M. Naquet le sait bien. C'est ce système économique qu'il a proposé dans un livre qu'il a pu-
blié en 1866 ; il n'y renonce aujourd'hui que parce qu'il a
vu qu'il se heurtait à de vieux restes de préjugés contre
lesquels, pour le moment, il n'y a rien faire. Il ne demande
donc, pour cette fois, qu'un divorce restreint, un divorce
bâtard. Plus tard, s'il vit assez longtemps, il reviendra à la
charge et complétera son œuvre.

La répudiation que nous trouvons mentionnée dans la
Bible, et que rappellent quelques passages des Évangiles,
diffère du divorce en ce qu'elle ne donne des droits qu'au
mari, qu'elle n'en attribue aucun à la femme, et qu'elle
expose très nettement les causes pour lesquelles l'époux
aura le droit de rejeter une épouse de son lit. « L'époux,
dit l'Ancien Testament, aura le droit de renvoyer la femme
qui aura commis le crime d'adultère... hors ce cas, nul
homme ne peut renvoyer sa femme. »

Et remarquez qu'il n'y est nullement question de procès,
de requête, d'huissier, d'avoué, d'avocat, ni de juge, ni de
ce vampire moderne, qui s'appelle « l'Enregistrement. »

L'époux, chez le peuple de Dieu, était « un pontife », ses
droits, ses prérogatives à son foyer étaient immenses : il en

usait. Ses devoirs n'étaient pas moins grands : il les remplissait. L'opinion publique le jugeait. Quand, par exception, un époux manquait à ses devoirs, l'opinion publique signalait le fait au grand-prêtre qui punissait le coupable.

Vous voyez qu'il n'y a aucun parallèle à établir entre la répudiation des Juifs et le divorce des temps modernes.

Un point qui caractérise plus particulièrement la différence, c'est qu'il était expressément défendu d'épouser la femme répudiée.

Le droit de « *repudium*, » — c'est ainsi que cela s'appelle en latin, — n'était pas attribué au mari, remarquez-le bien, dans un but individualiste. Ce n'était pas pour faire la part belle à tel ou tel individu que la loi donnait aux maris des droits aussi considérables ; Moïse et ses successeurs ne s'égaraient pas dans d'aussi étroites appréciations des choses humaines : c'était dans un but d'ordre social. Moïse et ses successeurs ont été de très habiles organisateurs de l'ordre social, des « socialistes » d'une valeur exceptionnelle, dirais-je, si ce mot *socialiste* n'avait pas été détourné de sa vraie signification par la presse depuis quelques années.

Moïse croyait qu'il n'y avait pas de société stable sans la famille pour base et pas de famille sans un chef. Il a voulu que l'autorité fût aux mains du père. Là est la raison d'être du « *repudium* » attribué au mari. Il s'est peut-être trompé.

Aujourd'hui, la famille est une oligarchie où tout le monde est maître, la femme surtout. Peut-être est-ce le système moderne qui est le meilleur? Dans tous les cas, il n'est pas encore parfait chez vous, puisqu'on va le perfectionner en vous donnant le divorce.

A Rome, le « *repudium* » a été peu en usage au temps des rois et pendant les premiers siècles de la République; mais,

quand vinrent les Césars, il était de droit pour les hommes;
puis, le progrès faisant son œuvre, les femmes en usèrent
à outrance. Tous les ans, tous les mois, pour quelques-unes,
les dames romaines venaient devant le juge, avec une
demi-douzaine de témoins, et disaient : « Seigneur, je viens
vous informer que je plante là un tel, avec lequel j'étais
mariée. » Et c'était fait.

Je vous avoue que c'est ainsi, et seulement ainsi, que je
comprends le divorce, et je crois bien que le principe
une fois admis, les Français ne seront pas longtemps à se
le donner aussi large.

Je passe à la confusion que fait M. Naquet, du divorce
avec « la nullité de mariage » que se réservait de prononcer
quelquefois l'Église catholique. M. Naquet sait bien, et ce
n'est pas moi qui le lui apprendrai, que ce sont deux choses
absolument différentes.

Dans le divorce, c'est la volonté individuelle de l'un des
deux ou des deux époux, qui est le mobile de la demande
et par suite la base de la sentence. Dans la nullité du mariage, c'est un fait pour lequel la volonté de l'un ni de l'autre
ne peut rien.

Les causes d'une déclaration de nullité sont définies et
déterminées dans la loi canonique, elles sont toujours
préexistantes et antérieures au mariage. — C'est là qu'est
tout particulièrement la différence entre le divorce et la
sentence de l'Église qui déclare nul un mariage.

———

4

Je vous ai dit, en commençant cette lettre, que j'allais être sincère, quelque douloureux que fussent pour votre cœur les tableaux cruellement réalistes qu'il me faudrait mettre sous vos yeux, et les personnes par vous révérées auxquelles il me faudrait adresser des reproches. J'ai tenu ma parole. Pardonnez-moi, Madame, la peine profonde que je vous ai causée.

Vous le voyez, mieux eût valu pour votre repos que je me fusse tu, que j'eusse, une fois encore, résisté à votre pressant désir de connaître ma pensée sur cette grande question du mariage dans votre société moderne, et du divorce.

J'ai débuté, lorsque j'ai entamé l'étude de la question qui nous occupe, en avançant cette proposition, que, étant donné l'état actuel de la société française, vos mœurs, l'éducation de vos enfants, votre littérature, votre théâtre, les tendances et agissements de vos magistrats, l'attitude négative, l'abstention de vos prélats, le divorce était inévitable, fatal, nécessaire. Je l'ai largement prouvé.

Ce qu'il me reste à vous dire, les conclusions qu'il me reste à formuler vont, hélas ! combler la mesure de l'amertume dont j'ai déjà rempli votre âme.

J'ai dit plus haut que le divorce dont se contente aujourd'hui M. Naquet, n'est qu'un divorce bâtard ; que sa loi n'est qu'une loi de transition ; je suis obligé d'ajouter ici quelques mots pour vous faire connaître ce qui arrivera après elle et vous faire comprendre comment cela s'enchaîne fatalement avec la loi proposée et avec les faits ci-dessus exposés, qui la rendent inévitable.

L'objectif de M. Naquet : c'est la liberté de la femme. M. Naquet est individualiste. L'idéal de sa doctrine : c'est que, ni hommes ni femmes ne soient jamais gênés, personnellement et corporellement, par aucun lien, matériel ou immatériel, qui pourrait, en une façon quelconque, faire obstacle à la manifestation de leur volonté, de leur liberté. En matière d'amour, spécialement, il veut que la liberté soit aussi large que possible ; il veut que la femme ait ses coudées complètement franches.

Cette base de sa doctrine posée, quelle femme disposée au divorce acceptera d'attendre une année pour briser le lien qui la retient étroitement enchaînée à son persécuteur et l'empêche de voler dans les bras de l'amant auquel elle veut s'unir légalement ?

Pourquoi toutes ces formalités de justice ? Pourquoi ces requêtes, ces explications humiliantes au Président d'un Tribunal ? Pourquoi ces enquêtes, ces témoins, ces dépositions calomnieuses et déshonorantes pour les deux époux ? Pourquoi ces plaidoiries dans lesquelles deux avocats se font un devoir d'outrager deux époux, de les traîner dans la boue et d'égarer la religion des juges ? Est-ce que tout cela n'est pas une atteinte et une atteinte brutale portée à la liberté des deux époux ? Quel besoin a-t-on, au point de vue social, de salir cette femme, de traîner dans la fange cet homme, de clouer au pilori leurs enfants ?

Une femme, tant soit peu soucieuse de sa dignité, ne peut que protester contre tout cela. Toutes ces restrictions, toutes ces entraves, toutes ces vilenies et turpitudes sont autant d'obstacles opposés au libre exercice de sa liberté.

Pas plus que la femme, l'homme ne peut accepter ces lenteurs, ces obstacles, ces hontes du Palais, cette fange et, par surcroît, l'effroyable dépense qui en résulte.

Pour être logique, la loi de M. Naquet, une fois votée, sera bien vite modifiée dans le sens d'une liberté beaucoup plus grande, d'une liberté illimitée.

Tout d'abord, l'intervention des Tribunaux et la dépense qu'elle occasionne seront supprimées ; on ne voit pas, dès lors que c'est au nom de la liberté que vous procédez, ce que viennent faire dans l'affaire les juges, les avocats, les avoués, les huissiers, et, surtout, l'Administration de l'Enregistrement.

Une femme aime un homme : elle le lui dit. Si cet homme paie ce sentiment de retour : il entre chez cette femme et y reste autant que l'un et l'autre se conviennent. Un jour arrive où cette femme reconnaît qu'un autre homme lui plairait davantage, elle ouvre sa porte : le premier part, le second entre. Si c'est l'homme qui s'est lassé le premier de cette union : il part, et tout est dit.

Si la femme devient mère — le cas est prévu, — elle élève son enfant, et, comme la paternité disparaît forcément avec le divorce parfait, tous les hommes se cotisent, dans un impôt spécial, pour fournir aux mères le moyen matériel d'élever leurs enfants.

Ce système social vous étonne peut-être un peu, vous qui vivez si heureuse dans votre éloignement des choses réelles et du progrès, dans votre quiétisme ! Il est néanmoins beaucoup plus près d'être appliqué que vous ne le croyez. Ses adeptes sont nombreux parmi les économistes. Du reste, qu'on le veuille ou non, il viendra par la force des choses : c'est le dernier terme du progrès dans le divorce. Il tirera de peine bien des gens qui, avec le système actuel, sont si embarrassés quand il leur faut dire quel est leur véritable père. Aujourd'hui, à Paris, sur cent naissances, vous avez soixante-dix enfants conçus en dehors du mariage. Quand la loi du divorce sera parachevée, ces soixante-dix enfants n'auront plus de souci au sujet de leur origine.

Telles sont, Madame, les choses que voit dans ce grand chaos, celui que vous avez daigné quelquefois appeler votre vieil ami, votre vieux philosophe éclectique et maussade.

Croyez, je vous en supplie, malgré le tableau très douloureux à votre cœur que je viens de dérouler devant vous, aux sentiments profondément dévoués et respectueux de

Votre serviteur et fidèle ami.

Baron V.

Wittel, le 25 août 1879.

Ma lettre, datée de Wittel vous a, me dites-vous, causé
une grande douleur. Selon vous, les imperfections, les
vices du monde seraient bien moins grands que je ne le
dis. Le tableau que je vous ai fait des imperfections
humaines, jetterait le découragement dans toutes les âmes
honnêtes, si on ne se retenait à cette pensée que, tant sur
les imperfections des uns que sur les vices des autres, j'ai
dû exagérer bien des données. Vous ajoutez que, dans le
monde que vous fréquentez, vous comptez bien plus de
femmes honnêtes et vertueuses que de femmes coupables ;
que le nombre est grand des femmes qui n'ont pas d'amants,
des hommes qui n'ont pas de maîtresses ; que vous en
connaissez beaucoup qui ne lisent pas de romans, qui ne
vont pas au spectacle, qui élèvent bien leurs enfants, qui
désapprouvent la licence de la morale moderne.

Je suis loin, Madame, de nier la sincérité et l'exactitude
du tableau que vous me faites. Je sais qu'il y a des femmes
qui ont toutes les qualités que vous avez énumérées. On
compte encore quelques hommes qui n'ont pas de maîtresses.
Mais de quel poids croyez-vous donc que puisse être dans
la balance générale ce petit nombre de sujets triés sur le

volet, qui gravitent autour de vous, parce que vous et eux vous êtes dans une parfaite communion de pensées ? Puis, vous ne savez pas tout. On ne vous renseigne pas toujours, parce qu'on sait que vous n'aimez pas à entendre médire. En cette matière, permettez-moi de vous le dire, Madame, votre bonté sans bornes vous porte à vous faire des illusions étranges.

Dans ce petit cercle restreint que, dans votre bienveillance, vous venez de ranger sous votre aile protectrice, je vois, moi, bien des brebis qui, si vous les gardez, vont contaminer le troupeau. Je vois nombre de femmes et d'hommes qui pratiquent l'amour libre et lacèrent, sans pitié, leurs contrats. Je vous affirme, quant aux femmes, que celles qui remplissent complètement et dans les conditions strictes que posent la loi hébraïque et la loi catholique, leurs devoirs d'épouses, sont excessivement rares.

Je ferais volontiers ce pari, dont, du reste, l'exécution serait facile, que si, prenant une à une les trois cents femmes et plus que vous recevez en visite, chaque année, vous posiez cette question à chacune : — « Votre mari et vous, couchez-vous dans une seule et même chambre ? » — deux cent soixante-quinze vous répondraient, « indignées » : — « Oh ! non ! Mon mari a sa chambre, et moi, j'ai la mienne. »

Que si, poursuivant votre interrogatoire, vous disiez : — « Mais, vous allez quelquefois dans la chambre de votre mari, le retrouver, ou il vient dans la vôtre passer une nuit près de vous, de temps à autre ? » deux cents vous répondraient : — « Oh ! il ne manquerait plus que cela ! » L'une dirait : — « Je fais coucher ma fille dans ma chambre pour qu'il ne soit pas tenté d'essayer. » Une autre : —

« Dieu merci ! nos chambres sont très éloignées l'une de l'autre. Je fais coucher mes invités dans les pièces qui nous séparent. »

« — Mais, enfin, votre mari n'est pas sans avoir quelquefois des désirs ? il n'est pas sans vous demander parfois la faveur de partager votre couche ? » — « Sans doute ! mais je lui intime l'ordre d'avoir à me laisser tranquille ; je ne suis pas obligée de passer par tous ses caprices. Nous ne sommes pas des esclaves ! »

Et les très charmantes femmes qui disent et font ces gentillesses, sont précisément les mêmes qui suivent tous les sermons, qui quêtent pieusement dans les églises, qui visitent assidûment les pauvres !

Le mari, lui, ne trouvant plus dans sa couche l'épouse que lui avaient promise les vieilles lois religieuses, va chercher au dehors des épouses de rencontre, des payennes. Je vous affirme, Madame, que dans les ménages dont vous me parlez dans votre dernière lettre, les maris, dans la proportion de neuf sur dix, ne touchent jamais à leurs femmes « quand ils le voudraient, » qu'ils n'y touchent que quand il plaît à madame. Pour la moitié, c'est « jamais ».

Moi qui, étant éclectique, me place aussi facilement au point de vue de la morale de M. Naquet, qu'au point de vue de la morale de votre religion, je dis, dans le premier cas : « Ces résistances sont légitimes, ce sont d'excellents tours joués à ces brutaux de maris ! — La femme n'est pas une vile esclave ! — Au bout du compte, y a-t-il pour elle des devoirs ?... etc. »

Dans le second cas, jugeant du point de vue religieux, je dirai : « — Ces femmes manquent à leurs devoirs les plus sacrés. Ce qu'elles font est tout simplement infâme : elles commettent des fautes monstrueuses ! »

Toutes ces femmes, par vous déclarées honnêtes et vertueuses, sont, en fait, des femmes coupables ; ce ne sont
pas des épouses chrétiennes, puisque les maris les cherchent en vain dans leurs couches : ce sont des courtisanes
payennes qui invitent, quand il leur plaît, un ou plusieurs
hommes aux joies voluptueuses de leur lit.

Aussitôt après que je vous ai eu écrit ma lettre de Wittel,
le hasard m'a mis dans les mains deux romans réalistes
d'un auteur en grande vogue, qui s'applique à rechercher
les vices de la pauvre espèce humaine à tous les degrés
de l'échelle sociale. Ce sont deux livres d'une crudité et
d'un cynisme révoltants. Je ne saurais estimer honnête une
femme qui lit de semblables choses.

Dans le premier, « l'Assommoir », M. Zola a voulu
peindre le vice pris sur le vif dans les bas-fonds de la
société. Dans le second, « La Curée », c'est sur les vices
des classes élevées et opulentes qu'il a braqué son appareil
photographique. Sa touche brutale fait penser aux tableaux
de Courbet, qui, toutefois, restent à l'état de pâles litho-
graphies usées auprès du réalisme brutal de M. Zola.

Parmi les vices étalés et tout nus que présente avec pro-
digalité « La Curée », la luxure est celui que l'auteur a
tenu à montrer avec le plus de détails et sous toutes ses
faces, dans tous ses replis. Il a tout révélé, tout étalé,
tout dit.

Eh bien ! à chaque page, à chaque ligne, je ne pouvais
m'empêcher de placer un nom en regard du fait mentionné
ou du caractère dépeint ; quelquefois je trouvais dix noms
à mettre au bas d'un portrait de femme ou d'homme que
me présentait l'auteur.

Alors, posant le livre et cherchant à débarrasser mon esprit de toutes ces turpitudes, je songeais à la lettre que je venais de vous écrire et je me disais : — « Combien tous ces faits, malheureusement vrais et indéniables et dont je n'ai donné, dans ma lettre, qu'un très pâle reflet, justifient les reproches que j'adresse aux mœurs du jour, à la magistrature, pour son parti pris d'émanciper les femmes, au haut clergé, pour son laisser-faire et sa tolérance insouciante en face de tout ce qui tient au mariage, à la littérature et au théâtre, pour leurs excitations, à l'éducation que l'on donne à l'enfance. »

Non, Madame, je n'ai rien exagéré, j'ai, au contraire, par respect pour vos yeux qui devaient me lire, tu et gardé dans l'ombre une foule de détails desquels, pourtant, j'aurais pu tirer un bénéfice considérable pour la soutenance de ma thèse.

Le mal est grand, il est très grand, il est bien plus grand que ma plume ne saurait jamais le dire. Il est tel, aujourd'hui, que retourner en arrière est impossible ; vous êtes fatalement obligés d'aller en avant. Vos mœurs, votre littérature, votre théâtre, votre magistrature, votre clergé semblent s'être concertés pour, chacun par des voies différentes, rendre inévitable l'introduction en France du divorce. J'ajoute que, le divorce une fois voté en principe, vous l'aurez jusqu'au dernier terme de son perfectionnement, jusqu'à la liberté absolue de la femme, jusqu'à la suppression de la paternité.

Vous me demandez, à la fin de la lettre que vous m'avez fait l'honneur de m'écrire, si, une fois ce dernier terme du progrès atteint, la société française sera condamnée à vivre toujours dans un état que vous qualifiez d'orgie passée à l'état chronique, si la France ne sera plus à tout jamais qu'un immense lupanar légal ?

A cette question, voici ce que je crois pouvoir répondre. Vous y trouverez une bien maigre consolation, car, vu nos âges à vous et à moi, il est peu probable que nous soyons, ni l'un ni l'autre, témoins des événements que je vais vous prédire. Vingt ans, trente ans peut-être, s'écouleront avant que votre pays sorte de l'état que vous appelez « une orgie passée à l'état chronique. »

La loi aujourd'hui proposée sera votée. Il est probable que des protestations tardives suivront, en assez grande abondance, sa promulgation et retarderont ses perfectionnements. Ces perfectionnements, malgré l'opposition qui leur sera faite, viendront, un à un, à travers les difficultés d'une lutte qui, tenace au début, s'affaiblira peu à peu pour s'éteindre à la dernière heure. La France, alors, jouira du divorce parfait : les femmes auront l'empire absolu, elles seront mères à leurs heures, traiteront les hommes en esclaves, et la paternité sera complètement rayée de vos codes. Cet ordre de choses pourra bien durer dix ou quinze années.

Un jour, dans vingt ans peut-être, les hommes se regarderont tout honteux d'avoir ainsi cédé aux femmes l'empire du monde, de s'être faits les esclaves avilis de ces êtres inférieurs par leur constitution, leur santé, leur force physique et leur jugement. Ils jetteront un regard en arrière sur les mœurs et l'histoire glorieuse de leurs ancêtres. Ils verront combien ils auront perdu dans l'estime des peuples contemporains, qui n'auront pas imité leur folie. Ils se sentiront humiliés, dégradés, abjects.

Alors, sortant de leur torpeur, ils secoueront violemment
le joug que, dans des temps de folie, ils se seront imposé à
eux-mêmes ; et, malgré tous les obstacles que voudront
opposer à leur œuvre de régénération leurs amazones dé-
sespérées, ils proclameront bien haut et avec enthousiasme
le rétablissement du mariage. Ils remettront la femme à sa
vraie place, au second rang, derrière l'homme, immédiate-
ment au-dessous de lui dans la hiérarchie sociale.

Les législateurs, les détenteurs du pouvoir appelleront
à leur conseil les principaux d'entre les prêtres de toutes les
religions reconnues par l'État. Ils leurs déclareront que
leurs prédécesseurs se sont trompés le jour où ils ont re-
tiré aux prêtres l'administration du mariage ; qu'à l'avenir,
ce seront les prêtres qui, dans chaque religion, marieront
leurs religionnaires. Ils les inviteront à régler d'un commun accord les conditions d'âge, de parenté, d'empêche-
ments de toute nature qui, de tout temps, ont fait partie de
la législation du mariage.

Le divorce sera déclaré à jamais aboli. Les séparations
de corps ne relèveront plus que de l'autorité religieuse
pour tous époux qui auront été mariés par un prêtre. Elles
ne pourront être prononcées qu'en suite de condamnations à
des peines infamantes, ou après une peine afflictive résultant d'un outrage fait par un des époux à l'autre époux. Le
droit de répudier pour cause d'adultère de sa femme sera
restitué à l'époux.

L'État n'apparaîtra, dans la question du mariage, que :

1° Pour enregistrer les mariages consacrés par le prêtre dans chacune des religions reconnues.

2° Pour punir un époux coupable, sur la requête de l'autorité ecclésiastique d'une des religions reconnues.

3° Pour remplir les fonctions de pontife à l'égard de tout

Français, qui, n'appartenant à aucun culte, n'aura pu demander à aucun prêtre de consacrer son union. Les matérialistes seuls seront mariés par le maire, aux mêmes conditions qu'aujourd'hui.

La femme sera, comme dans les siècles précédents, soumise à son mari, devra le suivre partout où il lui plaira d'aller.

Le mari, rétabli dans sa dignité et dans son rôle d'époux, n'aura plus de peine à remplir ses devoirs : il aimera et protégera sa femme. Les articles 212, 213, 214 du Code civil reprendront la force virtuelle qu'ils avaient au commencement de ce siècle et que, dans l'intention de leurs auteurs, ils n'auraient jamais dû perdre,

Ce redressement futur et complet des erreurs commises et à commettre vous étonne, sans doute? Cela se comprend : vous êtes si loin aujourd'hui de la tradition saine, et vous vous faites si peu une idée des changements considérables qui vont être prochainement apportés à la législation du mariage !

Le système que je viens de vous exposer, et que je vous prédis devoir être un jour celui de la France, peut-être même de ma patrie, n'a pourtant rien qui soit si extraordinaire. Ce n'est qu'une compilation des systèmes pratiqués, dans le passé, par les Juifs, par beaucoup d'autres peuples ; plus récemment, par tous les Européens, sans exception de religion. C'est le système préconisé par les Apôtres, dont, en 1803 encore, la France conservait le culte dans sa partie essentielle, « l'autorité du mari dans son ménage. »

Toutefois, Madame, je dois vous répéter ici que vous n'aurez ces réformes sérieuses et importantes, qu'après avoir passé par toutes les péripéties du divorce, et après seulement que l'institution du mariage aura complètement disparu dans la tourmente que je considère comme inévitable.

Je suis, Madame la Comtesse,

Avec un profond respect,

Votre très humble et dévoué serviteur, votre vieux et fidèle ami,

Baron V...

Bruxelles, ce 15 septembre 1879.

Paris. — Imp. WARMONT, galerie d'Orléans. — 2510.8.79